어둠을 묶어야 별이 뜬다

마음의詩 09
어둠을 묶어야 별이 뜬다

ⓒ 임영석 2006

초판인쇄 2006년 04월 30일
초판발행 2006년 05월 05일

지 은 이  임영석
펴 낸 이  김충규
펴 낸 곳  문학의전당
출판등록 제387-2003-00048호(2003년 9월 8일)

주    소 152-841 서울특별시 구로구 구로 6동 97-1 로얄프라자 206호
전화번호 02-852-1977
팩시밀리 02-852-1978
홈페이지 mhjd2003.com
전자우편 mhjd2003@naver.com

ISBN  89-91006-36-1    03810

✽ 이 책의 판권은 지은이와 문학의전당에 있습니다.
✽ 양측의 서면 동의 없는 무단 전재 및 복제를 금합니다.
✽ 잘못된 책은 바꿔드립니다.

# 어둠을 묶어야 별이 뜬다

임영석 시집

문학의전당

# 自序

詩를 쓴다는 것이 나를 잡아먹는 호랑이를 내 마음속에 키우는 듯합니다.

또 형편 없는 詩를 묶어 시집을 낸다는 것이 그 호랑이 굴에 들어가는 심정입니다.

# 차례

## 1부 – 얼마나 많은 세월 마음을 비워 왔으면

바다 • 13
홍합 • 14
돌 • 15
두루마리 휴지 • 16
명태 • 17
나무는 • 18
품 • 20
범종 • 22
소주병 • 24
대추차를 끓이며 • 25
굴뚝 • 26
검은 리본 • 27
생선 세 도막 • 28
길 • 30
주름 • 32
강물 속은 • 34
물고기의 비늘 • 35
끝없는 물음들이 자란다 • 36
삶 • 37
양파 • 38
어떻게 알아냈을까 백목련나무는 • 39
계단 • 40
잠에 관한 명상 셋 • 41
두부를 보며 • 42
나이 마흔이 넘으니 • 43

## 2부 – 어둠을 묶어야 별이 뜬다

마른 풀잎에도 피가 흐른다 • 47
어둠을 묶어야 별이 뜬다 • 48
오대산 풍경소리 • 50
사목 • 52
내 몸이 편지였다 • 53
동전과 먼지 사이에는 • 54
고갯길 • 56
입석사 바위 위에 앉아 있는 소나무가 말한다 • 58
겨울 복숭아밭에서 • 59
詩를 쓰려면 세 치 혀를 자르라 • 60
소나기 • 62
여름 편지 • 64
휘어진 철근의 말 • 66
헌 책방에서 • 67
탱자나무 뿌리가 솜털같이 부드러운 이유 • 68
소문 • 69
세상읽기 8 • 70
버나놀이 • 72
茶 파는 여자 • 74
숲 • 75
풀잎 • 76
살수차는 귀뚜라미 소리를 지우고 다닌다 • 78
슬픈 눈물 • 79
각문文 • 80

# 3부 – 봄비는 푸른 희망을 잡아당긴다

봄비는 푸른 희망을 잡아당긴다 • 83
치악산을 오르며 • 84
달은 어둠 속에 집을 짓는다 • 86
詩도 病이 든다 • 88
반곡동 기차역에서 • 90
목 잘린 소나무는 죽어서도 옹이 눈을 뜨고 운다 • 91
내 마음속, 느티나무는 너무 오래 동구 밖에 서 있었다 • 92
봄 숲 • 94
살아 있는 것은 물에 젖지 않는다 • 95
누님 • 96
새벽 기도 • 98
엄지와 검지 • 100
끄덕끄덕 • 101
엽서 • 102
어머니와 소 이야기 • 103
그리움이 문제다 • 104
안부 • 106
보,고,싶,다 • 108
어머니는 해마다 저 넓은 들에 편지를 쓰고 계셨다 • 109
독도 • 110
갈대숲 • 112
유한락스 • 114
오늘 • 115

# 4부 – 창궁으로 가는 길

냄비가 부처 같다 • 119
창궁으로 가는 길 • 120
새해, 소나무를 보며 • 122
솔잎차를 마시며 • 124
넝쿨장미를 보며 • 126
신륵사 다층전탑 앞에서 • 128
봄날, 오후 • 130
낙화 • 131
회상 • 132
내 입이 내 삶의 꽃상여 같은 무덤이다 • 134
목어 • 136
벽, 도배지를 보며 • 138
밑줄 • 140
별을 보며 • 142

해설 권경아_ 어둠을 쌓아가는 빛의 시학 • 144

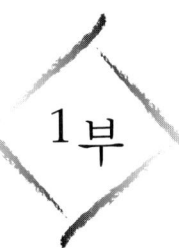

얼마나 많은 세월
마음을 비워 왔으면

# 바다

파도가 쳐야 바닷물이 썩지 않는다
사람이 흘려보낸 오욕五慾을 씻어내기 위하여
얼마나 많은 세월, 제 가슴을 때렸으면
저렇게 퍼런 멍이 들었겠는가

자식이 어미 속을 썩이면
그 어미가 참고 흘리는 눈물처럼
바다도 얼마나 많은 세월, 눈물을 흘렸으면
소금빨이 서도록 짜다는 말인가

그 퍼런 가슴, 짠 눈물 속에 살아가는 물고기
또 얼마나 많은 세월, 마음을 비워 왔으면
두 눈 뜬 몸을 자르는데도 피 한 방울 나지 않도록
바다는 물고기에게 무엇을 어떻게 가르쳤을까

# 홍합

살아서 피붙이 같은 새끼들을 토해내고
그 큰 파도에도 꿈쩍하지 않던 놈이
뜨거운 물속에서 무엇을 깨달았는지
입을 쫘—악 벌려 알몸을 토해낸다
입 같은 귀로, 귀 같은 입으로
껍데기는 껍데기대로
제 몸을 우려낸 국물을 떠먹으라고
빈집을 아무 말 없이 내어준다
그렇게 바닷속의 기억을 다 우려내 주고
검은 나비처럼 무리지어 앉아
푸른 하늘을 향해 날아갈 기세氣勢다
바다를 끌어안고 살았던 그 힘
다 버리고 날아가겠다는 것이다
물속에서 나와 보니 살맛이 안 나나 보다

# 돌

돌은 어떻게 꽃피워
열매를 맺을까

사랑한다면
어떻게 입맞춤을 할까

분명 돌도 사랑하고 입맞춤하여
예쁜 자식을 낳아 기를 것이다

나는 그것도 모르고 함부로 돌을 던져
단단한 돌에 상처를 입혔다

돌도 함부로 던질 일이 아니다
아, 얼마나 서러웠겠는가 함부로 던진 그 돌이

## 두루마리 휴지

생각을 얼마나
깊이 하면
겉과 속이 같을까
그 하얀 생각,
풀고 풀어보니
제 몸을 더 가볍게 비우는
묵언수행뿐이다
그래도 무슨 말 한 마디
숨어 있을 거라고
끙끙거리며 찾아봐도
못 찾던 그 말이
똥을 다 싸고 밑을 닦으니
한 마디 말이 숨어 있다
똥 잘 누었냐고

# 명태

입을 쫙 벌린 명태 한 마리 묶어 자동차 트렁크에
몇 년을 달아 놓고 다녔다 트렁크를 열 때마다 놈은
눈을 더 부릅뜨고 경계심을 풀지 않는다 몇 년을 굶은
놈의 몸을 만지니 이미 몸은 새가 되어 날아가고
두 눈만 살아서 바다로 돌아가겠다는 자세다
몇 년을 굶은 명태의 입에서는 본능의 힘으로
바다를 헤엄쳐 다니고 있었다 얼마나 요동을 치는지
실타래가 삭아 더는 묶어 놓을 수가 없다

## 나무는

나무는

자신이 언제 베어져 불에 타

한 줌 재로 변할지 몰라도

하늘까지 올라가는

그 길을 찾기 위해 산다


나무는

베어져서 자신이 찾으려는 길

하늘의 눈. 비를 막아내는 기둥이 되어

인고의 세월을 버텨야 함에도

그 무게를 찾기 위해 산다


나무는

베어져 바람처럼 떠도는

물 위의 쪽배가 되어도

물처럼 바람처럼 흘러간

그 세월을 찾기 위해 산다

나무는
언제 베어질지 모르지만
하늘로 가는 길에서
세월이 누르는 무게를 가슴속에
바람처럼 둥둥 감고서 산다

# 품

책 속에 끼워둔 지폐 한 장을
우연히 찾아냈을 때
그 빳빳한 구김살을 보면
책 속의 품이 얼마나 따뜻했으면
찢기고 구겨진 돈이
반듯해졌을까를 생각한다

마치, 찢기고 구겨진 돈을
빳빳이 펴기 위하여
제 몸이 누렇게 변하고 삭아가도
이 세상 유혹에 눈길 한 번 주지 않고
하얀 속살로 찢기고 구겨진
깊은 상처를 받아내고 있었다

제 품에 낳고 기른 자식처럼
구김살 하나 없는 표정을 만들기 위하여
얼마나 오랜 시간
온기를 주어 왔으면

빳빳한 구김살 사이 사이
반듯한 길이 나 있을까

책은 찢기고 구겨진
상처를 보듬어 주는
품이라 생각하지 않고
제 몸이 세월을 이기지 못한
누런 표지 사이사이, 간간이
그 하얀 품을 드러낼 뿐이다

# 범종 梵鐘

뜻을 세우려고
울지 마라

뜻을 알리려고
소리를 내지도 마라

운다고 뜻이 이루어진다면
어찌 내 몸이 텅 비어 있겠느냐

뜻을 알린다고 한다면
어찌 내 눈이 땅만 바라보고 있겠느냐
다 버리려고
다 비우려고
이렇게 거꾸로 매달려 살다보니

내 몸이 무거워 끙끙대는 저 난간의 버팀목이
부질없다고 내려놓는 소리
소나무만 비스듬히 서서 듣고 있다

사실, 내 몸을 때릴 때마다 우는 건
내 몸이 무거워 우는 저 버팀목뿐이다

그래서 내 몸이 텅 비어 있다
그래도 내 몸이 무겁다고 한다

## 소주병

나는 소주병을 보면
연어가 알을 낳고 죽어가는 생각이 자꾸 든다
입과 항문이 하나인 이 소주병이
제가 먹은 제 속을 다 비워주고
푸른 외눈을 뜨고 누워 있는 것이
남대천 바닥에 누워있는 연어와 똑같다는 생각이 든다
연어가 그 먼 바다에서 회귀할 때는
알에서 깨어나기 前, 다시 이곳에 돌아와
속을 다 비워주고 죽어야 함을 배웠을 것이다
이 푸른 소주병 속에는 연어의 그런 고집이 숨어 있다
속을 다 비워주는 그 푸른 고집을 앞세워
연어가 회귀하듯 걷다보면
이 세상이 갈지之자로 움직인다
남대천 연어도 갈지자로 그 먼 길을 회귀했을 것이다
그렇지 않으면 회귀할 수가 없다
이 푸른 소주병 속에는
연어가 회귀하는 갈지之자가 숨어 있다
이 세상을 연어처럼 살아가라고

## 대추차를 끓이며

   대추 몇 알을 씻어 보리차를 끓이는 주전자 물속에 넣었다 제 몸 딱딱하게 굳어 먹을 수 없는데 우려먹는 줄 알고 물에 둥둥 떠서 속을 비운 시늉을 한다 주전자의 물은 온도가 더해지면서 서로 밀착되었던 관계를 푼다 열이 오르면 오를수록 주전자의 물은 분열을 자초한다 그간 속이 부글부글 끓어 올랐던 것을 저렇게 꾹 참아 왔는가 싶었다 낮게 낮게 고개를 숙이고 쥐구멍이라도 숨어들던 물이 아니다 주전자 속을 뛰쳐 나가지 못하는 것을 안 느낌이다 열이 정점에 오르자 물의 내부에서 분화되는 고통이 물 밖을 뛰어 오른다 자유다 저 뜨거운 열을 받고도 자유를 선택하는 물, 정말 위대하다 그제야 대추는 자유를 찾아가는 물의 몸속에 햇빛의 달콤한 맛을 풀어 놓는다

## 굴뚝



나, 어릴 적에 굴뚝은 집집마다 사내들의 잠지처럼 서 있었다

좀 산다는 집의 굴뚝은 계집 몇은 후렸을 빳빳한 힘을 주고 서 있었고

끼니도 못 때우는 집은 늘 연기빨이 힘없이 푸석푸석 피어 올랐다

그 연기들이 구들장을 핥아내며 남긴 따뜻한 사랑같이, 굴뚝은

모든 생을 다 빼앗기고 새 生을 담아내는 소통의 길이었다

가끔 그 길이 막혀 그 길을 뚫어야 할 때 이 세상의 삶은 그 길에서도

온몸이 식기 전에 이 세상 왔다 간다는 말을 새겼다

나, 어릴 적 굴뚝은 그 자체가 사내들의 잠지 같은 몸이었다

여자들이 아궁이에 불 지피면 굴뚝은 금세 뜨거워졌다

## 검은 리본

나무는 늘 검은 리본을 달고 산다
날이 맑으면 맑을수록 그 슬픔을 더 짙게 새겨 단다
나도 검은 리본을 종종 가슴에 단다
謹弔라고 새긴 검은 리본.
안전사고로 운명을 달리한 동지들,
노동해방을 외치며 떠나간 많은 열사들,
그 검은 리본을 달 때마다 나는 나무를 생각한다
나무는 매일같이 제 가슴 한쪽에 검은 리본을 달고 산다
비가 오거나 흐린 날이면 나무는
저보다 더 슬픈 리본을 달아야 하기에 리본을 달지 않는다
나무는 세상이 죽어있다고 생각하는가 보다
때문에 베어져 나갈 각오를 하고 검은 리본을 달고 산다
겨울이면 나무들의 검은 리본이 하얗게 바래 있다
새들도 이 세상의 죽음을 애통하며 함께 운다
나는 나무를 볼 때마다 세상은 정말 죽었는가 생각한다
세상이 죽어있지 않으면 저 나무들이 왜 검은 리본을 떼지 않을까
나는 지금 죽은 세상에 살고 있다

# 생선 세 도막

생선 가게에 가면
생선을 세 도막으로 자른다
머리, 몸통, 꼬리.
왜 그렇게 자르는지는 나도 잘 모르겠다
세상이 생선을 세 도막으로
나누어 먹으라고 암시했기 때문일 것이라고만 믿는다
한 몸뚱어리를 두고 세 도막을 낸다는 것은
그 크기를 가늠하기가 쉽고
먹기 쉽게 요리할 수 있다는 장점 때문일 것이다
세상은 편한대로 잘린다는 것이다
머리가 되는 사람 세상,
몸통이 되는 사람 세상,
꼬리가 되는 사람 세상,
어쩌다가 몸통의 살점이 머리 부분에 붙어
몸통이 머리가 되면 세상은 시끄러워진다
몸통은 제 배만 두둑이 챙기면 그만이다
꼬리는 늘 그 가벼운 몸을 흔들어야 살아남는다
이 작은 생선 세 도막 속에

세상이 거울처럼 비추어 있다

# 길

1.
길은 생각보다
더 깊은 곳에 길을 내고
그 길로
생각이 흘러 넘치면
또 다른 길을 낸다


2.
길은 언제나 텅 비어 있어야 한다
길이 꽉 막혀 있으면 꽃이 피지 않는다
파꽃이 피는 것을 보면 그 길이 텅 비어 있다
연꽃이 피는 것을 보면 연뿌리 길이 텅 비어 있다
텅 비어 있어야 꽃피는 걸 나만 모르고 있었다


3.
길은 뜻을 세워야 한다

뜻이 없으면 길이 죽는다

풀잎은 푸른빛으로  길을 만들어 살고

강물은 물빛으로 길을 만들어 흐르고

새들은 목소리로 길을 만들어 하늘을 날아간다

## 주름

나도 일생을 기어 가려면
배추 애벌레처럼
끌어당기고 밀어 올리는
주름이 있어야겠다

어떻게 저 파란 하늘을
무슨 힘으로 오르겠느냐
배추 애벌레처럼
주름이라도 있어야
그 주름의 힘으로
기어갈 것 아닌가

보아라 모든 애벌레가
주름살 같은 등을 지닌 것은
일생 기어다니며
하늘을 날아가는
나비가 된다는 것을
알기 때문이다

모든 주름은

하늘을 날아가기 위해

등에 수많은 고통을 나누어

등지고 가는 것이다

그 고통을 나누어 등지지 않으면

나비가 될 수 없다는 것을

배추 애벌레는 알고 있다

## 강물 속은


강물은 속을 다 드러내고
온몸에 푸른 멍이 들도록
이 세상 찌든 때
다 빠질 때까지
헹구고 헹구어
빨랫줄의 빨래처럼
거꾸로 매달아 놓고
똑바로 사는 법을 가르친다

그래서인지,
강물 속은 온통 눈이 퉁퉁 부은 놈들뿐이다

강물 속은
똑바로 살기 위하여
제 살을 깎아내는 놈들만
아우성이다

## 물고기의 비늘

누가 물고기의 몸에
아름다운 장식粧飾을 해 주었을까
평생 그 아름다운 장식을 벗지 못하고
죽어서나 벗어야 하는
그 고통을 누가 짐을 지어주었나

물에 젖지 않은 장식을 한 죄로
물에서 나와 그 장식을 벗는 날
피눈물을 층층 삭혀 낸
속살까지 다 보여준다

오늘, 뭍으로 나와 눈먼 죄로
제 몸을 맡기고
아름다운 장식을 벗어
또 다른 해탈을 꿈꾸는 물고기
비늘을 벗고 입적入寂하다

## 끝없는 물음들이 자란다

콩나물시루 밑에는
콩나물시루보다 더 큰 생각으로
물동이가 앉아 있다
그 속에 쪽박 하나
속을 비워 둥둥 띄워 놓고
끝없는 물의 소리를 가르치고 있다
물의 소리를 먹고
물의 소리를 따라서 자란 콩나물,
물음水音을 익혀
물음水音의 눈물 뜨겁게 익혀야
제 맛이 난다는 그 맛,
물동이는 불가마 속에 배워 와서
콩나물에게 가르친다
끝없는 물음들은 자라
콩나물시루를 뛰어 넘어
편하지 않은 속을 가르친다

# 삶

내 속에
너는
낮인가 밤인가

불혹을 넘게 살아도
네 표정이
분명하지 않구나

낮인지 밤인지

# 양파

양파를 한 겹 벗기니
그 속에 곱게 머리 빗고 앉아 계신 어머니가
못난 놈! 못난 놈!
무엇을 잘못해 우느냐고 호통을 친다

또 한 겹을 벗기니
쇠스랑 날에 찍힌 살점이 썩어가면서
울 때 실컷 울어 보라고
독한 향을 내 눈에 넣어준다

독한 향을 두 눈에 넣고
세 치 혀끝으로 용서를 빌며
어머니가 용서해 주는 맛을 보니
달콤한 맛이 난다

# 어떻게 알아냈을까 백목련나무는

누가 가르쳤을까

저 딱딱한 나뭇가지 속을

수없이 드나드는 햇살이

상처 하나 없이 백목련나무의

하얀 슬픔을 밀어내도록, 아

저 신비로움 누가 가르쳤을까

뜨거운 피를 태워 슬픔을 밀어내면

하늘의 소리, 땅의 소리가

하얗게 꽃 핀다는 것을

어떻게 알아냈을까

백목련나무는

# 계단

계단의 몸통은 처음부터 만들지 않는다
몸통이란 배를 채우고 거드름을 피우고
어깨에 힘들어 가는 것이라고
계단에는 몸통을 만들지 않는다
그걸 모르고 두, 세 계단을
성급하게 건너뛰어서 오르는 조급함 때문에
숨을 헐떡거리며 사는 사람이 얼마나 많은가

계단은 서로가 서로의 어깨를 꽉 잡아준다
앞으로 밀려나지 않고 뒤로 물러나지 않도록
서로의 다짐을 놓지 않는다 그 다짐이 힘이다고
서로가 믿는다 발길질에 채이고 튼튼한 기둥에
가려 있어도 반듯이 누워 볼 것은 다 보며
시치미 뚝 떼고 눈길 한 번 돌리지 않는다
애써 몸매를 자랑하는 몸통에게 굽신거리지 않는다

# 잠에 관한 명상 셋

1.
내 의식을 세탁하여 건조시키면
하얀 뼈와 붉은 피의 구도構圖가 바뀐다

2.
낮과 밤의 거리를 자로 잰 듯
나무는 해年마다 나들이 간다

3.
칼날의 뿌리가 칼등이라는 것을 알아야
칼날을 바로 세울 수 있다

## 두부를 보며

두부는 숨 쉬고 살기 위하여
몸뚱어리 살점을 짓누르고 나서야
뜨거운 반성의 눈물을 흘린다

이 세상 구르는 재주 하나 없이 태어나
반듯한 가문의 주춧돌처럼 산다는 것이
어디 그리 쉬운 일인가

오랜 기다림의 침묵이
뼈 없이 흐물거리는 형태이지만
그래도 뼈처럼 굳어 간다면
천근 무게를 버티어내는 집념으로
새로운 삶 하나를 이식 받는다

半은 허물이고 半은 흙이 되어도
보다 더 큰 죄를 용서하며
토막토막 잘려진 삶을
피를 토하듯이 연출한다

# 나이 마흔이 넘으니

나이 마흔이 넘으면
바라보는 것이 모두 허깨비 같다
목구멍까지 넘어오는
자존심을 삼키다보니
세 치 혀끝을 놀리지 않아도
눈물이 가슴에 스며든다
그래, 마흔이 되기 전에
사랑도 지겹도록 해야 하고
싸움도 지겹도록 해야만
마흔이 넘어 후회할 일이 없다
마흔이 넘어 후회할 일이 많다는 것은
젊음을 송두리째 허깨비로
살았다는 것이다

어둠을 묶어야 별이 뜬다

## 마른 풀잎에도 피가 흐른다

마른 풀잎에도 피가 흐른다
가슴에 품은 씨앗들을
이 세상에 다 떨구어 놓고
스스로 땅에 납작 엎드려
아무런 죄도 없이 용서를 빌듯
치통 같은 생각을 하나씩
바람에 날리고 있다
천둥 번개에도
꿈쩍하지 않던 의지를
스스로 다 버리고
땅에 떨구어 놓은 씨앗 하나
다시 천둥 번개에 꺾이지 않게
심장을 드러내고
피를 말리는
손 부비는 기도소리
그 씨앗이 귀담아 듣는지
날이 너무 차다

## 어둠을 묶어야 별이 뜬다

거미는 밤마다 어둠을 끌어다가
나뭇가지에 묶는다 하루 이틀
묶어 본 솜씨가 아니다 수천 년 동안
그렇게 어둠을 묶어 놓겠다고
거미줄을 풀어 나뭇가지에 묶는다
어둠이 무게를 이기지 못해 나뭇가지가 휘어져도
그 휘어진 나뭇가지에 어둠을 또 묶는다
묶인 어둠 속에서 별들이 떠오른다
거미가 어둠을 꽁꽁 묶어 놓아야
그 어둠 속으로 별들이 떠오르는 것이었다
거미가 수천 년 동안 어둠을 묶어 온 사연만큼
나뭇가지가 남쪽으로 늘어져 있는 사연이
궁금해졌다 무엇일까 생각해 보니
따뜻한 남쪽으로 별들이 떠오르게
너무 많은 어둠을 남쪽으로만 묶었던
거미의 습관 때문에 나무도 남쪽으로만
나뭇가지를 키워 왔는가 보다 이젠 모든 것들이
혼자서도 어둠을 묶어 놓을 수 있는 것은

수천 년 동안 거미가 가르친
어둠을 묶는 법을 터득했기 때문이리라
거미는 어둠을 묶어야 별이 뜨는 것을
가장 먼저 알고 있었나 보다

# 오대산 풍경風磬소리

오대산 山中, 물 한 모금 먹지 않고
허공을 헤엄치며 사는 물고기 한 마리가
입에 문 세월을 흔들어
등과 배가 납작하도록
적멸보궁 앞에서
千 拜, 萬 拜 큰절을 하며
부처님 말씀을 엿듣고 산다

바람이 제 몸을 흔들면 흔들수록
千 拜, 萬 拜 더 큰절을 하고
말로는 다 못하는 깨달음
허공에 층층 쌓아놓고
고개를 끄덕이면 끄덕이는 몸짓까지
푸른 나뭇잎이 따라한다
얼마나 오랜 세월
적멸의 뜻을 배워왔으면
바람만 먹고 살아갈까

오대산 적멸보궁 풍경소리는

항상 등과 배가 납작하다

## 사목死木

이제 더 이상 공복空腹을 참지 않아도 된다
구름 한 점 떠돌면 그뿐
번뜩이는 목숨만이 전부는 아니다
오히려 눈물처럼 서 있는 오대산
사목死木의 굳은 표정에서 길고 긴 세월의
영혼을 만난 듯 지그시 눈을 감고 생각하니
사월이 가고 오월이 와도
흔들림 없이 뿌리처럼 씻겨진 사목이
어제의 의식을 바람결에 새기며
멀리 상원사 종소리에 몰입되는 하루를
향수처럼 달랠 뿐이다 분명한 것은
무엇인가 전하고 싶은 말을 상형문자로 간직하고
새록새록 새 잎 피는 것도 잊고 그 누구를
하염없이 기다리고 있다는 것이다 저 사목死木은.

## 내 몸이 편지였다

녹녹한 마음을 달래려고 술을 마셨다
술을 마신 다음 날, 내 몸이 예전처럼
개운하지가 않다 세월이
등을 밀고 들어와 써 놓은 편지를
하루종일 술병을 앓아가며 읽었다
무슨 말을 써 놓았는지
나는 읽을 수가 없는데
남들은 나를 보고 대뜸
무슨 일 있느냐고 묻는다
내 몸이 편지였다
내 속의 거북함을 눈치 채고
약까지 사다 준다
세월이 내 몸속에 써 놓은 편지를
약발로 읽고 보니
저 허공이 가장 튼튼한 기둥 같다

## 동전과 먼지 사이에는

장식장 뒤로 굴러 들어간 동전을 몇 년이 지나
청소를 하며 줍는다 세상 찌든 때
바닥에 내동댕이쳐 놓고 몸뚱어리 하나
이 세상 왔다 갔다고 비문을 새기듯이
동전 자국들이 선명하다 마치
이 세상을 버리고 토굴 속에 사는 것처럼
자기 발자국이나 바라보고 사는 외로움을
동전 자국들을 보며 느낀다

쌓인 먼지를 진공청소기로 빨아들이며 생각한다
자주 닦아주고 털어내도 쌓이는 먼지가
아무도 없는 빈집에서 무엇을 했을까
발자국 하나 또렷하게 새기는 꿈이라도 꾸었는지
장식장 뒤로 굴러 들어간 동전을 주워보면
탁본을 뜬 것처럼 쌓인 먼지 속에서
동전에 찌든 세상 냄새를 맡았으리라
사람 사는 욕망 앞에 묵묵했던 먼지는
아무 힘없이 진공청소기로 빨려들어 간다

동전과 먼지 사이에는

삶의 터널 하나가 펑 뚫려 있었다

## 고갯길

기억은 참 편리하다.
바늘 같은 명마바 고갯길
눈 감고
올려다보고
내려다보고

그러면, 고놈 고놈 영철이
도토리나무 뒤에 숨어
엉덩이 까고 똥 누다가
겁먹고 날아간 꿩소리에
엉덩방아 찧은 고갯길
아직도 구린내를 풍긴다

기억은 참 편리하다.
실밥 같은 띠울 고갯길
눈 감고
풀어도 보고
감아도 보고

그러면, 고놈 고놈 태춘이
꿩병아리 쫓아다니다가
고무신 찢어 먹고
받아쓰기 숙제 대신에
발목에 칡넝쿨 징징 감고
아직도 꿩병아리만 쫓아다닌다

## 입석사 바위 위에
앉아 있는 소나무가 말한다

    입석사 바위 위에 앉아 있는 소나무가 말한다 하늘의 氣가 내린 이 자리에 바늘처럼 솟아난 솔잎을 싹 틔우기 위해서 내 말의 뿌리도 쇠못같이 바위를 뚫고 뿌리를 내려야 한다 백일 가뭄에도 끄떡하지 않고 신선처럼 마음을 다 비우고 뼈를 깎아 뿌리를 내리지만 아직도 구름처럼 날지는 못한다 바늘 같은 고집만으로는 바위에 뿌리를 내릴 수는 있어도 하늘을 날아갈 수는 없다 사람들은 어떻게 바위 위에 소나무가 앉아 살 수 있을까 말하는데 나는 어떻게 구름처럼 날아다닐 수 있을까를 생각한다 입석사 바위 위에 앉아 백일 가뭄을 이겨내고 듣는 새소리가 말의 뿌리라 한다 듣는 것만으로 生의 半을 채우고 보는 것만으로 남은 生을 채우기 위해서 산다고 한다

## 겨울 복숭아밭에서

겨울 복숭아밭에서 눈꽃 구경을 한다
햇살이 반짝바짝 눈이 부셔서
실눈을 뜨고 바라보니
햇살을 받치고 있는 나무 기둥 위로
복숭아 가지가 얹혀져 있다
나무 기둥이 무거운 햇살을 받쳐 들고
굶주림이 생활이 되었는지
마른버짐이 피듯 까맣게 살이 터져
더는 버티지 못하고 군데군데 쓰러져 있다
햇살 하나 받쳐 주는 버팀목이 되어 준다는 것이
저렇게 한 목숨 던져 주는 것이었다
복숭아밭에 눈꽃보다 더 아름다운
버팀목 위로 얹혀져 있는 복숭아 꽃눈이
힘겨운 버팀목 대신 눈물을 흘리며
함께 인내심忍耐心을 배우고 있었다

## 詩를 쓰려면 세 치 혀를 자르라


반계리 은행나무는
천 년, 태고太古의 숨을 몰아쉬며
꼭 다문 입의 혀를 자르고 있었다
두 눈을 뽑아 버리고 있었다

보고도 못 본 척,
들어도 못 들은 척,
천 년 세월을
가슴에 묻고 있었다

언제라도 떨어져 나갈 듯한 두꺼운 껍질은
천 년 세월을 비집고 들어간 발자국처럼
내 詩의 벌집같이 꿀을 담아 두고 있었다

(詩 스승이 없는 내가 반계리 은행나무를 마음속에 詩 스승으로 모시고 스승님이 주시는 은행 알 하나 문질러 까먹는데, 똥냄새뿐이다 이게 무슨 숙제일가 몇 년을 생각하다가 겨우 생각이 미치는데, 똥냄새인지 스승의 숙제인지 구분 못

하는 놈이 무슨 시를 쓰겠는가 당장 세 치 혀부터 잘라버려
야 할 것 같다 세상 단맛 쓴 맛 다 보고, 들을 것 볼 것 다 듣
고 보고 무슨 제왕이 되어 詩를 쓰겠느냐는 꾸지람이라는
걸 깨달았다)

   옳다 옳다 반계리
   은행나무 詩의 스승께서
   詩를 쓰려면 세 치 혀를 자르고
   천 년 만 년 읽을 수 있는
   지문 같은 詩를 쓰라 한다

## 소나기

처마 끝에
까치발로 서서
마주 보는
얼굴

오도가도
못 하고
수줍은
얼굴

낙숫물에
하얗게
고개 내민
돌처럼
웃는
얼굴

소낙비 그치자
무지개로 서서
떠나가는
얼굴

영영, 돌아오지 않는다
영영, 돌아오지 않는다

# 여름 편지

아침부터 소나기가 오더라
그래 난 누가 또 벼락 맞아 죽은 줄만 알았다
벼락 맞아 죽은 초상집 아니고서야
저런 소낙비 같은 눈물을 흘릴 사람이 누가 있겠느냐
사는 일이 힘들수록 눈물 흘릴 일이 많겠지만
채송화를 보아라 그 작은 씨앗 하나
다음 해年 그 자리에 또 꽃피우기 위하여
얼마나 치열하게 꽃피워 씨를 맺고 있는지
텅 빈 것은 가슴을 비워 울림을 주고
가득한 것은 가슴을 채워 아득함을 주고 있다

아침부터 소나기가 오더라
빈 산 넘어 누가 또 이승을 하직한 줄만 알았다
살 만큼 살다가 떠나가는 세상살이
아직 하직 인사를 더 건네야 하는 사람이 있나보다
땅에 솟구쳐 오르는 빗줄기가 끈처럼 묶여
강물을 이루어 흐른다 그 강물이
세상의 인연을 묶어 떠나가는 듯하다

검붉은 황톳물에 둥둥 떠내려가는 물결만큼
울컥울컥 피눈물을 흘리고 있는 것만 같다
세상의 끈을 묶어 흐르는 강물 위에
누가 하직 인사를 하고 있는 듯하고나

## 휘어진 철근의 말

너는 나를 휘어서 영원히 고개 숙이게 하고 싶지만
나는 휘어져서도 빳빳한 힘을 버릴 수는 없다
너는 내 고개 숙인 빳빳한 힘을 콘크리트로 덮어
꼴도 안 보이게 묻어버리고 싶었겠지만
내 빳빳한 힘이 숨을 멈추어 버리면
한 발자국도 저 허공을 오를 수가 없다

나 같은 철근 쪼가리를
휘고 붙이고 콘크리트 속에 묻어버릴 수는 있어도
저 허공을 무슨 힘으로 누른다는 것이냐
저 허공을 무슨 힘으로 오른다는 것이냐

## 헌 책방에서

헌 책방의 모든 책들은
손때 묻었다고 똥값이란다
그나마 똥값인데도 안 사가
헌 책 팔아 먹고 살 수 없다고
가게문 다 닫았다고 한다
하기야 글 쓰고 똥 싸는 재주로
이 세상 대접을 받는다는 게 그렇다
그나마 쌓아 놓은 똥이나마 팔리니
얼마나 다행인가 그래서 나는
똥냄새 좋은 그런 책들
잘 모셔두라고 청탁請託을 한다

## 탱자나무 뿌리가 솜털같이
## 부드러운 이유

탱자나무 울타리 밭에
갇혀 사는 햇살은
탈옥을 꿈꾸지 않는다
탱자나무 울타리를 면류관冕旒冠으로 쓰고
성군聖君의 뜻을 가르치고 산다
땅은 열매로 보답을 하며
땅들이 탱자나무에게
그 보답을 훔쳐가지 못하게
뾰족한 독기나 품고 살으라 했는데
탱자나무는 성군의 면류관답게
스스로 지혜를 깨달아
솜털같이 부드러운 눈을 뜨고 뿌리를 내려
더 독한 독을 품고
성군의 뜻을 지키고 있었다

# 소문

　소문에 너는 고생만 하다 죽었다고 하더라 그래 화장을 해서 이 세상 소금밭처럼 살다간 몸뚱어리 그 넋을 바다에 뿌렸다고 하더라 초등학교 운동회에 손 한 번 잡은 인연으로 너에 대한 소문을 듣는다 반짝반짝 빛나는 넓은 운동장 같은 바닷가에 서서 나를 응시하는 파도가 너의 눈빛같이 내게로 달려온다 나는 그 눈빛 얼싸 안으려고 백사장에 쌓인 수많은 모래알을 바라본다 이 세상을 향해 그 맑은 눈빛으로 밀어 보낸 피눈물 같은 이 모래알 속에 내 발자국 하나 꾹 찍어 본다 내가 너를 생각하는 일이 얼마나 오래 갈 수 있을까 날마다 너는 그 맑은 눈빛으로 이 세상 인연을 모래알처럼 쌓아놓고 무엇을 하는가 파도처럼 웃다가 파도처럼 울다가 이 세상 살다간 소문만 듣는가 오늘도

## 세상읽기 8


馬耳山에 가니
이갑룡 선생이 앉아
어서 오라 한다

속세에서 헛되이 들은 것
나처럼 다 버리고
돌탑을 배경 삼아
사진이나 한 장 찍자고 한다

山은 半쯤 안개에 서리어
半만 보이는데
아무 탈 없으니
바람소리나 듣자고 한다

선생의 성화에 못 이겨
잠시 마주 앉았는데
"山을 보러 왔나
자네 자신을 보러 왔나" 묻길래

山도 아니요 나도 아닌
기다림을 배우러 왔다고 했다

선생은 지긋이 눈을 감더니
"거참 난세로군
젊은이가 기다리면 늙는 것 밖에 없는데…"
두어 번 혀를 차며 말씀하시더니
馬耳山을 바라본다

돌아오는 길에
馬耳山 바람소리를
몰래 귀에 담아 오는데
"그놈 욕심도 많군" 하며 웃으신다

# 버나놀이
−남사당패 버나놀이를 기억하며


덩덕 덩덕쿵
고개 돌려 하늘 봐라
애간장 다 빼주고
콩간장 다 내주고
눈물 콧물 다 흘리고
남은 생의 버나를 돌린다

버나 위에 앉은 허공
버나 위에 담은 인생
허공이 기둥이라
허공이 내 집이라
잘도 돈다
잘도 돈다

덩덕쿵 덩덕쿵
돌자돌자 돌고돌아
땅보다 넓은 하늘
품에 안고 살아가자

내 눈물 별이 되면
쟁반 같은 둥근 달이
옥이야 금이야 받아들고
내 버나에 나누어 준다

돌리자 버나를
덩덕쿵 덩덕쿵.

## 茶 파는 여자

비정규직 법안 철회 여의도 상경 투쟁장에는
한 치 틈도 내어주지 않는 전경 버스 뒤로
국회의사당이 무궁화 꽃봉우리처럼
고개만 쏙 내밀고 있다 마치,
너희들에게 이 문을 열어 줄 수가 없다는 듯
빗장이 굳게 닫친 항문 같다 그 항문을 바라보며
속이 시원하지 않는 끙끙거리는 노동자들이
상처 받은 몸으로 열 줄, 스무 줄 대오를 채워
동아줄 같은 굵은 끈을 엮으면 茶 파는 여자,
그 동아줄 위로 익숙하게 왔다갔다 한다
꼭 민속촌에서 줄타기를 보는 묘기 같다
상처 받은 몸으로 엮어 만든 동아줄 위에
튼튼히 놓여진 몸이라는 것을 알고 있는지
마음 놓고 걸어 다닌다

숲

키 큰 나무는 하늘을 가리고
어린 나무는 앞길을 막는다

# 풀잎

풀잎은 매일 운다
어둠 속의 고통을 원망치 않고
어둠 속에서 그냥 울고 만다
울면서 서로에게 눈물을 닦아주며
푸른 힘을 준다

그 풀잎,
힘없는 것이라고
얕잡아 보다가
들불처럼 번지는 함성
아무도 끄지 못한다

풀잎은 매일 운다
한낮 뜨거운 햇살을 원망치 않고
뜨거운 햇살을 식히며 그냥 울고 만다
울면서 서로에게 등을 기대고
푸른 꿈을 꾸다

그 풀잎,
들불 같은 함성
뽑아 버리다가
풀잎에 물든 손
스스로 씻어야 한다

## 살수차撒水車는 귀뚜라미 소리를 지우고 다닌다

공사장 주변 도로에 살수차가 물을 뿌리고 지나간다
땅의 먼지를 잠재우기 위하여 물을 뿌리지만
물 묻은 흙은 더 멀리 길을 따라 나선다
살수차는 물을 뿌려 검은 도로에 입을 그린다
도로의 먼지를 탓하여 받은 선물이
살수차보다 먼저 삶의 불편을 말하는 주민의 입을 봉한다
다시 듣지 못하는 매미소리 풀벌레소리
그 울음들 값은 살수차가 다 지우고 다닌다
사람보다 먼저 와 뿌리 내리고 살던 살구나무
그 꽃잎 지기도 전에 뿌리째 뽑혀 나간다
아무도 저 자연의 죽음을 애통해 하지 않는다
하늘의 일이라 마음 밖에 밀어 놓는다
주변의 땅을 팔면 얼마나 갈까 궁리뿐,
땅이 없는 내 마음만 아프다
귀뚜라미 울음소리를 지우고 다니던 살수차
오늘은 가랑비 앞에 맹꽁이같이 서 있다

## 슬픈 눈물

 공장 한 모퉁이에 버려진 철판이 피눈물을 흘리며 울고 있다 한때 거대한 몸통에 달라붙어 몸통보다 더 뾰족이 날을 세워 위협을 주던 시선은 산소불에 잘려질 때만 해도 한 몸통이라 굳게 믿으며 뜨거운 눈물로 단단한 맹세를 했으리라. 한 몸통이라고 그 뜨거운 눈물 식기도 전에 망치로 뚝뚝 털어 쓸만한 부품만 챙기고 짐이 될만한 것은 미련 없이 버리고 떠나면 버리고 떠나는 서러움, 며칠 되지 않아 피눈물을 흘리는 것을 볼 수 있다 산소불로 불어야 잘리는 단단한 시간, 뼈는 습관처럼 굳어 골격이 성한데 없어 다시 어디 몸통에 붙여 쓸 수도 없다 쇠도 버림 받으면 이러할진대 사람이 버림받고 쫓겨나면 어디에서 슬픈 눈물을 흘릴까 하늘의 저 별 다 그 눈물인가

## 각문刻文

허공에 새겨진 각문刻文 하나를 읽어 본다
마음을 비워야 한다기에
마음을 비우고서 읽어 보니
시력視力이 모자라서인지 눈에 글이 들어오지 않는다

명산名山의 바위마다 새겨진 글들
몇 년이 되었느니
누구의 글이라고 말하는데
허공에 새겨진 불덩어리 같은 각문刻文 하나
어떻게 읽어 낼 방법이 없다

누구일까, 허공에 점 하나 찍어 놓고
평생, 그 글을 읽고 있는 사람
이 세상의 희망 같고, 마침표 같은 각문刻文 하나
누가, 왜 허공에 써 놓았을까

# 3부

봄비는 푸른 희망을 잡아당긴다

## 봄비는 푸른 희망을 잡아당긴다

봄비가, 딱딱하게 굳어 있는 희망을 잡아당긴다
봄비가, 온몸 다 불태워 쏟아내는 눈물의 힘으로
희망을 잡아당기는 자욱마다 푸르름이 끌려 나온다
사랑만 하다가 살겠다는 꽃들도
봄비가, 푸르름 잡아당기는 힘을 이겨내지 못하고
봄비에 젖어서 나머지 사랑을 무르익힌다
이 봄비, 얼마나 많은 사랑을 이겨냈을까
이 봄비, 중앙선 침범도 서슴없이 한다
이 봄비, 좌회전 금지도 지키지 않는다
이미 하늘에서 뛰어 내릴 때 법보다는
희망 하나 단단히 잡아당기겠다는 각오를
수없이 하고 뛰어 내렸을 것이다
버드나무, 그 봄비 따라 나뭇가지를
땅으로 늘어뜨리고 푸른 그네를 탄다

## 치악산을 오르며

애초, 저 산은 누군가의 평평한 등이었을 것이다
닳고 헐어서 무거운 세월을 이기지 못하고
골이 깊게 패어서도 나무를 등에 업고
다시 누군가의 평평한 등이 되겠다는 자세다.

10년 넘게 살았던 아내와 이혼을 하고 보니
평평한 내 등도 골이 깊게 패여 있었나 보다
나도 저 산처럼 골이 깊게 파일 때마다
메아리 울리는 숲을 가꾸며 그 나무의 등이 되었는지.

이제는 치악산을 오르면 오를수록 눈물이 난다
내 가시 같은 발길을 돌려보내지 않고
천길 물속 같은 고요를 먹고 사는 나뭇잎이
물고기 떼처럼 헤엄쳐 내 아픈 상처를 덮는다.

상처가 깊으면 깊을수록 아름다운 골짜기마다
기암괴석이 하얀 뼈처럼 드러나 있다
저 치악산 기암괴석도 누군가와 결별을 하고

이齒를 악물고 버티어낸 다짐들일 것이다

얼마나 많은 상처를 가슴에 묻고 살아 왔으면
소리치는 그 소리를 메아리로 되돌려 줄까
누군가 따뜻한 등이 되어 평생을 산다는 것은
평생 땀 흘려 오르는 산과도 같은 것인가 보다

# 달은 어둠 속에 집을 짓는다


까치가 은행나무 가지 사이를 파고 집을 짓는다
그 사이 달빛도 어둠을 파서 집을 짓는다
처음에는 손톱 같더니, 그 손톱 같은 사랑을 키우더니
치악산 소나무 위에 걸어 놓는다
나, 하루 일 마치고 집에 돌아가면서 바라보면
둥근 달, 치악산 솔바람소리를 껴안고
일 년 열두 달 허물고 짓고 허물고 짓다가
행구동 저수지 물속에 앉아 참선參禪을 한다
저수지 물고기 함께 참선을 하다가 답답함을 이기지 못해
물 밖으로 뛰어 오르며 파문을 일으킨다
그 파문 속에서도 달은 너울너울 춤을 춘다
치악산 그림자 저수지 물속에 들어와 더위를 식히며
어둠 속에 집을 짓는 달을 내려다본다
몇 년을 내려다보았는지 치악산 눈빛은 능선 따라서 길이 나고
머릿결 같은 앉은뱅이 나무 구름 한 점 잡아두지 못하고
바위 곁에 앉아 어둠 속에 집을 짓는 달만 바라본다
아, 나는 바라만 봐도 현기증 난다

저수지 물속 치악산은 거꾸로 매달려 나무를 키우고
달은 그 치악산 머릿결 같은 나무에 달빛을 엮어 집을 짓는다
어둠이 깊은 만큼 단단해 보이는 치악산 솔바람소리
울타리도 없는 달의 집을 발자국도 남기지 않고 다녀간다

## 詩도 病이 든다

20년 넘게 詩를 읽다보니
병든 詩, 튼튼한 詩, 쭉정이 詩, 썩은 詩,
오합지졸 줄 선 詩들이 난립하여
숲을 이루고 있는 걸 보겠다

그간 詩는 좋은 詩든 나쁜 詩든
읽어야 얻는다고 생각하며 읽었다
쭉정이 詩들 속에서는 물에 뜨는 法을 배우고
병든 詩들 속에서는 살을 도려내는 法을 배우고
오합지졸 詩 속에서는 바르게 줄 서는 法을 배우는데
튼튼한 詩는 아무것도 가르쳐 주지 않는다

내 詩도 20년 쓰다보니 病이 든다
쭉정이 같은 詩 한 편 써 놓고 울고
살을 도려내는 詩 한 편 써 놓고 울고
가난에 주눅 든 詩 한 편 써 놓고 울고
그 울음 속에 묻혀 피는 꽃을 보고 울고
사뭇 핏덩어리 같은 눈물 흘리다가

20년 세월에 病이 깊은 것을 알았다

내 어머니가 천식에 긴 겨울밤을 삭히고 살았듯이
나도 이 긴 겨울밤을 詩를 삭히며
가슴에 病 하나 얻어 산다 쭉정이 같은 詩 하나
삭히고 우는 날이면 그 눈물 별빛같이
내 詩도 病이 들어 하늘소리만 듣고 산다

## 반곡동 기차역에서

반곡동 기차역에는 사람들이 내리지 않는다
아침마다 화물 객차에 치악산 그림자만 탔다가
저녁이면 치악산 그림자만 기적소리에 조용히 내린다
빈 대합실 의자는 앉을 사람이 없어도
옹이 눈을 뜨고 나무 그림자 하나 앉혀 놓고는
어디로 떠나냐고 어디로 가느냐고
적적했는지 묻지도 않는 말을 걸어 온다

반곡동 기차역은 반곡동 사람조차 기차를 타지 않는다
비가 와도 우산을 들고 마중 나올 사람도 없다
치악산 바람소리만 메아리로 몰려와서
두 줄 線路에 납작 엎드려 사람 소리를 듣고 있다
원주역 또는 제천역에서 사람들은 발길을 돌리며
반곡동 기차역을 스쳐 갔는지 아무도 기억하지 않는다
아무도 기억하지 못하고 살아 온 내 인생역 같다

\*반곡동 기차역은 치악산 밑에 앉아 있는 역으로 벚꽃 핀 봄이면
그 경치가 절경이다. 혼자 사색하기 좋은 곳이다.

## 목 잘린 소나무는
## 죽어서도 옹이 눈을 뜨고 운다

목 잘려 죽은 소나무의 배를 가르고 보면
제 살보다 더 단단한 생각을
제 몸에 박아 놓고
하늘을 날아가겠다는
푸른 뜻을 굽히지 못해
죽어서도 옹이 눈을 뜨고 운다
그 눈물, 불붙이면 활활 타 올라
살아생전 그 뜻이 어떠했는지
짐작할 수 있다 푸른 뜻 하나에
목숨을 건다는 것은
눈물이 불붙을 만큼
미치게 살았다는 것이다
목 잘린 소나무가 옹이 눈을 뜨고
눈물을 흘리는 것은
아직도 할 말이 푸르게
남아 있다는 것이다

## 내 마음속, 느티나무는
## 너무 오래 동구 밖에 서 있었다
-내 고향 엄정리 느티나무에게 쓰는 편지

내 마음속, 느티나무는
너무 오래 동구 밖에 서 있었다
기다리는 것도 지쳐 그림자를 끌고
모를 내는 논 속에 들어가 놀기도 하고
까치집 몇 번 허물고 짓는 세월
붉은 하늘의 혀 속에 불타오를 것 같지만
끝끝내 고집을 꺾지 않는다
고집을 꺾지 않고 사는 것이
평화라 여겼던 것이다
매미가 한가롭게 노래하는 것,
빗물이 가슴을 시원하게 씻어 주는 것,
먼발치에서 바라보아도
저기가 내 집 동구 밖이라는 것,
20년 넘게 껴안고 나는 떠돌며 살았다
세월은 흩어졌다 만나는 사람처럼
서로 몰라보는 서글픔을 안겨 주지만
내 마음속, 느티나무는
천 년을 넘게 서글픔을 보듬고 산다

너무 오래 서 있어 속이 텅 비어 있지만
속을 비우지 않고 천 년을 어찌 버티었으랴
떨어진 낙엽이 내 무덤을 만들고 남을 흙이 되어
내 생의 외로운 그림자 하나 지울 것이다

# 봄 숲

봄 숲은
그리움을 접어 만든 길 같다

물소리 위에 바람소리
바람소리 위에 새소리

나무가 그 소리들을 업고
푸른 땀을 흘린다

## 살아 있는 것은 물에 젖지 않는다

살아 있는 개미를 물에 빠트렸다가 꺼내 보았다
물이 몸속으로 스며들지 않는다 아,
살아 있는 것은 물에 젖지 않는다 내 손도
물속에 담그어 보았다 역시 물이 스며들지
않는다 나도 살아 있는 것이었다 다시
내 옷을 물속에 담그어 보았다 물이
스며들었다 옷은 죽어 있었다 죽어서
내 흉을 가리고 있었다 아, 죽은 것은
남의 흉을 가려주고 그 흉을 씻어내기 위하여
물에 젖어드는 것이었다 살아 있는 것은
제 흉이 물에 젖어들까 봐 두려웠는지
물이 스며들지 않는다 살아서
제 흉을 감추는 것이 얼마나 익숙했으면
사람이 죽으면 물이 스며들지 않도록
왜 몸을 꽁꽁 묶어 묻을까 생각을 하니
봄마다 온 산이 미치게 꽃 피워
사랑에 젖어 사는지 이제야 알겠다

# 누님


세상에 태어나 도둑질 말고는 무엇을 못하겠냐고 하던

누님은 몸에 혹 하나 떼어내려고 수술을 하였다고 한다

암이 아니냐는 걱정이 들어 수술을 하였다는 기별을 받고

수술은 잘 끝났다고 말하는데도 걱정이다 칠남매 살붙이 중에

큰 누님이시니 어머니 같다 야채가게를 하시여 배추만 봐도

누님의 얼굴이 떠오른다 배추 같은 얼굴이 늘 떠오른다 그 누님을 뵙고

혼자 돌아오며 바라보는 겨울 포도밭은 수없는 우물 정井자가

씌어져 있었다 겨울 포도밭 버팀목 위에 씌어진 우물 정井자가

허공의 길처럼 포도 넝쿨을 받아내고 있었다 누님도 나를 업고 키우면서 나에게 우물이 되어 주었는데 나는

무엇 하나 도움을 줄 수 없어 늘 애만 탄다 배추 속 절이듯 숨죽이고 살며 대형 마트의 힘에 밀려서도 어쩌겠냐고, 밥벌이가

그리 만만하겠냐고 하셨다 수술은 잘 되었냐고 얼마나 아

프냐고 물으니

    괜찮다고 걱정하지 말라는 아픈 목소리가 들려온다 어찌 그리 복도 없이

    고생고생 살아야 할까 몸이라도 성해야 고생을 덜 것인데

    혹 하나 떼려고 나온 세상, 혹 하나 더 달았으니

    얼마나 무겁고 고통스러웠겠는가 전화기 속에 누님의 아픈 목소리는

    처서 지난 모기소리처럼 괜찮다고 괜찮다고 가물가물 들리는데

    팔다만 배추 썩을까 봐 아픈 몸보다 더 걱정이 앞서는 누님

    그 마음이 나에게는 우물이시다 허공에 깊게 파 놓은 우물이시다

# 새벽 기도

묵언默言수행을 하다보면
뜻이 통한다고 하여
두 눈을 감고 새벽 기도를 하다보면
때때로 마음이 통하는 날이 있다

함박눈 온 새벽,
땅 위의 나무들은 서 있는 죄로
무거운 벌을 받으면서도
편하게 눕지 않고, 뜻을 세워
마음이 통하기 위하여 기도를 한다

묵언수행 덕분인지
함박눈 속에 길을 잃지 않고
서 있는 것은 그래도 나무들뿐이다
때때로 기도를 하면 저렇게 통하는 날이
있기는 있는가 보다

저렇게 나무처럼 통하려고
새벽 기도를 가는 이웃집 할머니
발자국이 곱고도 깊다

## 엄지와 검지

엄지와 검지손가락은
길이도 다르고 크기도 다른데
두 손가락은 참으로 다정하다

이 세상 나와 다른 사람들과
엄지와 검지가 되어서
서로 다정하게 살아가라는 말처럼 들린다

그래, 어디 한 번 엄지와 검지처럼 살아보자
없다고 주눅들지 말고
있다고 허튼소리 말고

# 끄덕끄덕

말도 못하는 어린 아이가
엄마의 말에 고개를 끄덕끄덕 한다

아이는 엄마의 말을 익히기 위해
얼마나 많은 울음을 울었으면 울음으로는
뜻이 통하지 않는다는 것을 알았을까

봄바람에 꽃들이 피는 것도
따뜻한 봄바람이 불어오기 전에 얼마나 울었으면
끄덕끄덕 가슴의 향기까지 보여주고 있을까

살면서 끄덕끄덕 남의 말을 들어 준다는 것은
그 말보다 더 아픈 날을 살아왔다는 것이다

끄덕끄덕, 삶의 말을 듣는 사람이여!
끄덕끄덕, 그대 몸에서도 너울이 인다

## 엽서


안녕?
안녕.

이렇게 물음표와
마침표 사이에
그대와 나
거울을 보듯 살고 있다

안녕.
안녕?

# 어머니와 소 이야기

　살아생전, 어머니가 뚝에 묶어 두었던 소를 몰러 가셨다가 소의 뿔에 받히셨다 눈이 퉁퉁 소의 눈처럼 부어 검고 푸른 멍이 들으셨다 병원에 갔다 오신 어머니는 괜찮다, 괜찮다고만 하셨다 그 푸른 눈을 끔뻑일 때마다 눈물이 흘러 나왔다 마치 슬픔을 덜어내고 있으신 것 같았다 그 소를 팔아 생계를 꾸리셔야 했기에 소를 원망할 수 없었다 소가 자식 같기만 했던 것이었다 내 목숨이 어머니의 눈을 들이받은 것이었다 어머니는 소가 들이받는 순간에도 고삐를 놓치지 않으셨다 평생을 그렇게 고삐를 놓치지 않고 살으셨다 임종 무렵, 두 눈에 눈물 흘리시며 슬픔을 덜어내는 일 말고는 아무 말씀이 없으셨다 두 눈을 끔뻑이는 일 말고는,

## 그리움이 문제다


내가 스물두 살 때 어머니 돌아가시고
염殮을 모신다고 하는데
칠성판 위에 곤하게 주무시는 어머니

장포長布 7척 두루두루
북망산천 가는 길 춥지 않게 입히시는데
온몸 꽁꽁 스물한 매듭으로 묶어 놓으시니
저렇게 염殮할 놈이 나라는 것을
뉘우치고 뉘우쳤다

그 후, 나는 스무 해를 넘게 더 살며
임종 무렵 어머니 모습을 떠나보내지 않고
내 가슴에 염殮을 해 모셔 놓고
어머니, 어머니, 통곡하며 산다

그리움이 문제다

아직도 비가 오나 눈이 오나
어머니는 새벽마다 새벽밥을 지어
내 머리맡에 놓고 내 잠을 깨운다

나는 그 밥 하루도 거르지 않고 먹는데
그냥 먹지 못하고
어머니에게 시 한 편 읽어 주고 먹는다

밥값 대신 읽어주는 詩가
어머니는 맘에 안 드시는지
늘 한 마디 하신다 "너는 그 그리움이 문제다"는 말 속에는
이생강의 대금 소리처럼 풀어내지 못한 소리가
내 목숨처럼 붙어 있었다

# 안부

경포대 해안가에는 아침 저녁으로
땅은 바다에게
바다는 땅에게
안부를 묻는다

철조망 사이
사상을 차단하는
경계 속에서도
안부를 묻는다

이등병 눈빛에
돌처럼 굳은
파도소리가
깃발처럼 꽂힌
안부를 전한다

땅은 바다에게 바다는 땅에게
언제까지 의심을 풀지 않고
자유를 구속할 것인가
안부를 묻는다

비린내만 풍기는 건어물 시장에서는
아직도 말라비틀어진 자유를 팔고 있었다

## 보,고,싶,다

내 생에 단 한 줄 시를 쓰라면
"보고 싶다"는 이 말뿐이다

낡은 생각인지는 몰라도
"보고 싶다"는 이 말만큼
사랑을 전부 말할 수는 없다

세월이 아무리 이 세상을 바꾸어 놓아도
"보고 싶다"는 이 말 속에 담긴
마음을 묻을 수는 없다

나, 오늘도 보고 싶은 사람
그 사람을 위해 산다

정말,
보,고,싶,다.

## 어머니는 해<sub>年</sub>마다
## 저 넓은 들에 편지를 쓰고 계셨다

엘리베이터에 점자로 박힌 층수의 숫자들을 만져보니
글씨를 모르시던 어머니 생각이 난다
살아서는 편지 한 장 써 본 일이 없다고 생각했는데
무릎이 닳고 닳아 송곳 같은 바람 들어오는 바지에
심장을 오려 붙여 촘촘한 바느질 솜씨로
점자를 써 가지고 나에게 입히셨던 것이었다
내가 뛰어놀 때마다 어머니의 심장은 닳고 닳았고
그렇게 수없는 편지를 써 주실 때마다
가난에 기氣 죽지 않게 심장을 오려 붙이셨던 것이었다
나는 그 옷을 입고 뛰어 놀며 넘어질 때마다
점자點字 같은 실밥들이 뜯어져
그 넓은 들에 꽃씨처럼 뿌려지는 것을 몰랐다
엘리베이터가 수직상승하는 중에 11층 층수의 점자를 만
지며
들에 핀 꽃들이 어머니 편지였다는 것을 알았다
어머니는 해마다 나에게
저 넓은 들에 꽃씨를 뿌려 편지를 쓰고 계셨다

# 독도

독도는
몸뚱어리뿐만 아니라
그 그림자까지
펄펄 끓어 넘치는
우리 땅이다

푸른 바다
푸른 고집을 하얗게 꺾어 놓고
단단한 꿈으로 다져 놓은
우리 땅이다

보아라,
저 단단한 꿈, 독도가
한 발자국도 움직이지 않고
푸른 하늘을 이고
만세를 부르지 않는가

대한민국 만세!
대한민국 만세!
萬歲를 누리겠다고
만세를 부른다 독도는

## 갈대숲

갈대숲에 들어 울어보라
흔들려 울지 말고
서로 부딪쳐 울어보라

살면서 외롭고 서러울 때
서로 부딪쳐 울다 보면
막힌 가슴 뻥 뚫리지 않겠는가

갈대숲에 들어 춤추어 보라
몸만 흔들어 춤을 추지 말고
서로 어깨동무하여 춤을 춰보라

살면서 흥겹고 신명 날 때
서로 어깨동무하여 춤을 추어야
가슴이 출렁이는 세상 만들지 않겠는가

서걱서걱

사각사각

제 몸이 부러지고 휘어져도
쓰임새 있게 흔들리는
저 갈대숲을 보라

저 가느다란 어깨 위로
그 무거운 하늘을 들고 있지 않는가

# 유한락스

아들의 흰 양말 뒤꿈치에 찌든 때는
세탁기에 넣고 빨아도 지지 않는다
어떻게 빨아야 되는지 물어
유한락스 몇 방울을 희석시켜
하룻밤 양말을 담가 놓으니
유한락스가 때를 쏙 빨아 먹었다
유한락스, 그 놈 독하긴 독한 놈이다
그런데 왠지 나는 쏙 빠진 때만큼
내 마음을 몰래 버린 것 같은 생각이 든다
귀찮다는 생각 때문에 손으로 문지르지도 않고
독한 독을 써서 내 눈을 하얗게 씻어낸 것 같았다
내 눈을 하얗게 씻어낸 그 독한 유한락스가
하얀 뼈만 남기고 내 살을 다 녹여 놓은 것 같았다
국어사전에 있는 사랑이라는 말과
눈뜨고 살아가는 미생물들 이름까지
녹여 놓겠다는 생각이 하루종일
내 손끝에서 지워지지 않았다

# 오늘

오늘 나를 생각하는 사람이
몇이나 될까 생각합니다.
당신도 당신을 생각하는 사람이
얼마나 될까 생각해 보십시오
그러면 손가락 열을 다 헤아린다면
당신은 행복할 것입니다.
그러나 난 아직 내 손가락 열 개
다 구부리지 못하고 살아갑니다.
부끄럽습니다. 열심히 살았다고 해도
정말 내가 나를 생각한 만큼
당신 속에 없다는 것이 부끄럽습니다.
그러나 내일은 분명 당신 속에
내가 있도록 노력하겠습니다.
사랑해요 당신을…

# 4부

시조편

## 창궁으로 가는 길

# 냄비가 부처 같다

펄펄 끓는 물을 보니
냄비가 부처 같다

펄펄 끓는 물을 안고
움직이지 않는 저 힘,

부처가 연꽃에 앉아
번뇌하는 기도 같다

## 창궁蒼穹으로 가는 길

한 해 동안 이齒 악물고
틀니 같은 세상살이

씹지도 못하고서
삼켜버린 이야기가

항문에
못이 박히듯
담석으로 박혀 있다

솔잎 같은 다짐들은
허기로 채우지만

철모르는 개나리꽃이
눈물처럼 번지는 날

아, 너는
알고 있는가

창궁蒼穹으로 가는 길을.

눈물이야 스며들면
핏빛으로 마르는 것,

참숯이 참숯으로
빨아들이는 갈증만큼

바람은
나무 끝에서
떠날 길을 찾고 있다

## 새해, 소나무를 보며

올해는 저 소나무가
뾰족한 잎을 펴서
빗방울 하나라도
제 손으로 받아내며
공空으로 듣는 새소리
갚을 일이 있을까

아니면 더 푸르게
새의 눈을 찌르고서
뾰족한 잎만 봐도
저절로 울어대는
새들의 노랫소리를
공空으로 또 들을까

이도 저도 아니라면
저 푸른 생각 끝에
송홧가루 가득 품어
님 오는 윤사월에

백 년을 기다려 사는
그리움을 말하려나

## 솔잎차茶를 마시며

애기 손 같은 푸른 솔잎을
뜨겁게 우려내면

하늘의 푸른 말言이
혀끝에 와 박힌다.

그 말言들
바늘 같아서
내 삶을 푹 찌르고

바람이 흔들었던
세월의 마디마다

향기로 다스리는
고독이 샘물 같아

푸른 향

가득 물고서

수인사修人事를 나눈다

## 넝쿨장미를 보며

1.
저 고독의 정점頂點 앞에
파르르 떠는 가슴,

햇살을 베어 물고
수줍은 피가 돈다.

등 돌린 허공 속으로
팔을 뻗는 절규여!


2.
땅 속의 소리들이
내통하는 문턱에도

지난 세월
다 잊고자

꽃등을
밝혀 든다

몸속에
가시 같은 독
꽃등燈을 거는 못인가

## 신륵사 다층전탑 神勒寺 多層塼塔 앞에서

1.
천 년, 그 세월을
반듯하고 단단하게

지켜 온 기다림을
층층이 쌓아 놓고

다정히
기도 祈禱를 하는
바람소리 새소리.


2.
나무는 팔을 굽혀
묵언수행 默言修行 빈 가지에
눈부신 해 그림자
가득히 잡아 놓고

강물에
흘려보내며
제 갈 길을 찾고 있다



3.
강물은 강물 속에
사랑가를 부르지만

겹겹이 벗고 벗은
허물이 모래알 같아

천 년을
혼자 울어도
마를 날이 없구나

# 봄날, 오후

나리꽃

건들건들

싸리꽃

건들건들

찔레꽃

건들건들

떨어지는

떨어지는

봄바람

지나간 자리

뻐꾸기 와

울더이다

## 낙화 落花

바람 한 점 앞세우고
피는 듯 지는 꽃잎이

허무를 달래다가
깊어지는 여백 속에

살아서 풀지 못하는
점點 하나를 찍는다

## 회상 回想

겨울 내내 텅 빈 자리에
마음을 심어 놓고

하늘을 바라보는
어머니 그 눈빛이

오늘도
미륵彌勒 같아서
꿈에서도 보이고.

가을 하늘에 피눈물처럼
꽃노을이 물들면

다시 또 텅 빈 자리
채울 길이 없는 날은

무심無心이
돌밭에 앉아

어머님을 그립니다.

## 내 입이 내 삶의 꽃상여 같은 무덤이다

내 입이 내 삶의 무덤인가 보다
낮에는 하늘처럼 땅의 향기를 먹고
밤에는 땅처럼 하늘의 꿈을 먹고 산다

땅에 핀 꽃을 보면 하늘의 뜻과 같고
하늘에 뜬 별을 보면 땅의 꿈과 같아
내 사랑은 나도 모르게 저 허공에 빠져 든다

오늘도 내 입에 박힌 말뚝 하나를 뽑아 보지만
그 말뚝, 또박또박 꿈의 파문을 그리다가
한일자— 하나 써 보이며 바람을 껴앉는다

산다는 게 무엇인지 오래 생각하다 보면
나 말고 또 누군가 더 오래 생각하다가
입속에 박힌 말뚝이 제 몸이라고 생각했을까

내 입이 내 삶의 꽃상여 같은 무덤이다
말뚝 같은 내 몸 하나 허공 속에 길 들이고

비 오면 촉촉이 젖어 눈물부터 감춘다

# 목어 木魚

1.
허공에 매달려서
무엇을 생각하기에

속을 다 비우고도
소리를 토해 낼까

물 밖의 삶이라는 것
오장육부가 필요 없는가


2.
얼마나 참회를 하면
결 고운 몸이 될까

먹지 않고 눕지 않아
눈빛도 고고하다

생각을 소리로 담아

예불 공양供養을

올린다

## 벽, 도배지를 보며

1.
산 속에 절을 짓듯
꽃무늬를 바라보면

빗나간 빗금조차
한 세월 이고 산다

모퉁이
때 절은 손길
아픔으로 서 있고


2.
저 벽도 혼자 늙어
말 수가 줄어들고
말 대신 눈만 뜨면
뿌리도 없는 꽃을

몇 년째
고집을 피워
하얗게 피워낸다


3.
한 세월 걸어 놓고
무엇을 보았는지

못 박힌 자욱마다
상처만 박혀 있다

아픔도
아름다움을
지탱하는 힘이었나

# 밑줄

혹시나 잊어버려
기억할 수 없을까 봐
살면서 아름답고
슬픈 날 밑에다가
붉은색 밑줄을 친다
잊어버리지 말자고.

그 밑줄이 다 지나가면
한 해가 다 지나간다
웃었던 날 울었던 날
밑줄 속에 다 감추고
사랑한 사람 가슴에
밑줄 하나를 더 그어본다

날마다 그 밑줄 속에
그리움도 담아 두고
별빛 같은 정精을 담아
끝없이 기다리면

밑줄 친 그 날들 지나
한 세월이 다 간다

# 별을 보며

한때는 그리움에
눈물인 줄 알았는데
어느새 남김없이
애간장 다 녹이고
잔잔한 강물에 앉아
눈이 부신 세월이여.

어매는 품을 팔아
죽은 아배 빚을 갚고
그렇게 또 그렇게
한 생生을 마감하고
오늘은 밤바람 속에
새로워진 가슴이여.

내 잘못이 얼마인가
열 손가락 접어 봐도
수정 못 박아 두듯
셀 수 없는 내 마음속

저 별빛 강물에 지면

천만 리를 흐를까.

해설

# 어둠을 쌓아가는 빛의 시학

권경아 문학평론가

1.

　임영석의 『어둠을 묶어야 별이 뜬다』에는 곳곳에 깊은 어둠이 배어있다. 이 어둠은 삶 속에서 겪게되는 많은 고통과 상처로 "세월이 누르는 무게"(「나무는」)라 할 수 있다. 이 시집에서 이러한 어둠은 빛의 세계에 도달하기 위해 거쳐야만 하는 과정이며 동시에 빛을 존재하게 하는 전제조건이 된다. 때문에 이 시집이 깊은 어둠을 노래하고 있는 것은 그 어둠을 배경으로 떠오를 빛을 맞이하기 위한 전주곡이라 할 수 있는 것이다. 삶은 스스로의 진정성을 쉽게 드러내지 않는다. 그것은 오랜 세월 고통과 상처를 겪은 후에 비로소 자신의 본질을 서서히 드러낼 뿐이다. 오랜 세월 제 가슴을 때려 "퍼런 멍"이 든 바다(「바다」)나 평생을 먼 바다에서 헤엄치다 태어난 강으로 갈지之자로 회귀하는 연어(「소주병」)를 보며 시인이 깨닫고 있는 것이 바로 이 고통과 상처가 삶의 진정성에 다가가는 길이 된다는 것이다. 바닷물이 썩지 않기 위해 파도는 제 가슴을 쳐야하고, 새로운 생명을 탄생시키기 위해 연어는 강을 거슬러 올라야하는 것이다. 즉 빛이 밝게 빛나기 위해서는 어둠이 깊어야 한다는 진리인 것이다. 이 시집에서 임영석은 빛을 위해 어둠을 쌓아가고 있다. 삶의 어두운 그림자가 짙을수록 그 후에 맞이할 빛은 더욱 밝게 빛난다는 믿음으로 시인은 삶의 과정에서 겪게 되는 어둠을 거부하지 않고 끌어안고 있는 것이다. 이것이 어둠을 쌓아가는 빛의 시학이다.


2.

이 시집에서 어둠과 빛은 각각의 영역을 지닌 것이 아니다. 어둠과 빛은 다른 하나가 없이는 스스로의 존재를 드러내지 못하는 공존의 관계 속에 있는 것이다. 삶이 많은 고통과 상처를 수반하지만 그러한 고통과 상처가 곧 삶의 진정성에 도달하는 과정이기에 고통과 상처는 어둠이며 동시에 빛이 된다. 시인이 다양한 시적 대상을 통해 바라보고 있는 것이 이러한 삶 속에 내재하는 어둠이며 빛인 것이다.

거미는 밤마다 어둠을 끌어다가

나뭇가지에 묶는다 하루 이틀

묶어 본 솜씨가 아니다 수천 년 동안

그렇게 어둠을 묶어 놓겠다고

거미줄을 풀어 나뭇가지에 묶는다

어둠이 무게를 이기지 못해 나뭇가지가 휘어져도

그 휘어진 나뭇가지에 어둠을 또 묶는다

묶인 어둠을 꽁꽁 묶어 놓아야

그 어둠 속으로 별들이 떠오르는 것이었다

거미가 수천 년 동안 어둠을 묶어 온 사연만큼

나뭇가지가 남쪽으로 늘어져 있는 사연이

궁금해졌다 무엇일까 생각해 보니

따뜻한 남쪽으로 별들이 떠오르게

너무 많은 어둠을 남쪽으로만 묶었던

거미의 습관 때문에 나무도 남쪽으로만

나뭇가지를 키워 왔는가 보다 이젠 모든 것들이

혼자서도 어둠을 묶어 놓을 수 있는 것은

수천 년 동안 거미가 가르친

어둠을 묶는 법을 터득했기 때문이리라

거미는 어둠을 묶어야 별이 뜨는 것을

가장 먼저 알고 있었나 보다

—「어둠을 묶어야 별이 뜬다」 전문

「어둠을 묶어야 별이 뜬다」는 빛을 위해 어둠을 쌓아가는 임영석의 시세계를 집약적으로 보여주고 있는 시이다. 거미는 수천 년 동안 "밤마다 어둠을 끌어다가 나뭇가지에 묶는다". 거미가 밤마다 어둠을 끌어다 나뭇가지에 묶는 것은 그것이 빛의 세계에 도달하리라는 것을 알기 때문이다. 얼마나 많은 어둠을 묶었기에 나뭇가지를 다 휘어놓았을까. 수천 년 동안 나뭇가지에 거미줄을 풀어 어둠을 묶고 있는 거미. 어둠의 무게를 이기지 못하고 나뭇가지가 휘어져도 거미는 "그 휘어진 나뭇가지에 어둠을 또 묶는다". 어둠을 묶는 거미의 반복적 행위는 끊임없이 이어지는 세월의 흐름과 다르지 않다. 어둠을 묶어 온 거미의 사연이 수천 년 동안 이어지듯 삶은 또한 우리의 사연을 깊어지게 하는 것이다. 거미가 끊임없이 어둠을 묶고 있는 것은 "묶인 어둠 속으로 별들이 떠오른"다는 것을 알기 때문이다. 어둠 위에 또 어둠을 "꽁꽁 묶어 놓아야 그 어둠 속으로 별들이 떠오르는 것"이라는 것을 알기 때문인 것이다. 어둠이 깊어지지 않으면 별들은 떠오를 수 없다. 깊은 어둠 속에서만이 별들은 스스로의 빛을 드러낼 수 있는 것이다.

까치가 은행나무 가지 사이를 파고 집을 짓는다
그 사이 달빛도 어둠을 파서 집을 짓는다

처음에는 손톱 같더니, 그 손톱 같은 사랑을 키우더니
치악산 소나무 위에 걸어 놓는다
나, 하루 일 마치고 집에 돌아가면서 바라보면
둥근 달, 치악산 솔바람소리를 껴안고
일 년 열두 달 허물고 짓고 허물고 짓다가
행구동 저수지 물속에 앉아 참선參禪을 한다
저수지 물고기 함께 참선을 하다가 답답함을 이기지 못해
물 밖으로 뛰어 오르며 파문을 일으킨다
그 파문 속에서도 달은 너울너울 춤을 춘다
치악산 그림자 저수지 물속에 들어와 더위를 식히며
어둠 속에 집을 짓는 달을 내려다본다
몇 년을 내려다보았는지 치악산 눈빛은 능선 따라서 길이 나고
머릿결 같은 앉은뱅이 나무 구름 한 점 잡아 두지 못하고
바위 곁에 앉아 어둠 속에 집을 짓는 달만 바라본다
아, 나는 바라만 봐도 현기증 난다
저수지 물속 치악산은 거꾸로 매달려 나무를 키우고
달은 그 치악산 머릿결 같은 나무에 달빛을 엮어 집을 짓는다
　　　　　　—「달은 어둠 속에 집을 짓는다」 전문

　어둠과 빛의 공존은 위의 시에서 어둠 속에 집을 짓는 달을 통해 형상화되고 있다. 어둠을 파서 집을 짓고 있는 달

빛, 은행나무 가지 사이를 파고 집을 짓는 까치, 그리고 하루 일을 마치고 집으로 돌아가는 시적 자아인 시인. 이 시는 어둠이 짙어야 빛이 떠오를 수 있다는 진리를 시인의 삶과 연결시키고 있다. 달이 어둠 속에 집을 짓는 행위는 하루의 삶을 마치고 집으로 돌아가는 것과 다르지 않다. 어둠을 헤치고 떠오른 달빛. 지치고 힘들었던 하루를 보낸 뒤 집으로 돌아가는 길이 시인에게 빛이라는 것은 두말할 필요도 없다. 삶의 어둠을 헤치고 빛을 찾아가는 시인의 삶이 달과 중첩되고 있는 것은 이러한 이유에서이다.

  어둠과 빛은 서로 다른 극단에 있으면서도 서로의 존재 없이는 자신의 존재를 드러내지 못하는 공존의 관계에 있다. 삶이 고난과 고통의 연속일지라도 그러한 상처가 곧 삶이 되는 것과 같은 이치이다. 고통과 상처를 안겨주는 삶에 대한 인식은 "치악산을 오르면 오를수록 눈물이 난다"는 시인의 진술 속에 드러난다.

  이제는 치악산을 오르면 오를수록 눈물이 난다
  내 가시 같은 발길을 돌려보내지 않고
  천길 물속 같은 고요를 먹고 사는 나뭇잎이
  물고기 떼처럼 헤엄쳐 내 아픈 상처를 덮는다.

상처가 깊으면 깊을수록 아름다운 골짜기마다
기암괴석이 하얀 뼈처럼 드러나 있다
저 치악산 기암괴석도 누군가와 결별을 하고
이齒를 악물고 버티어낸 다짐들일 것이다

얼마나 많은 상처를 가슴에 묻고 살아왔으면
소리치는 그 소리를 메아리로 되돌려줄까
누군가 따뜻한 등이 되어 평생을 산다는 것은
평생 땀 흘려 오르는 산과도 같은 것인가 보다
—「치악산을 오르며」 부분


　치악산을 오르면서 시인은 고요를 먹고 산다는 치악산의 나뭇잎이 "물고기 떼처럼 헤엄쳐 내 아픈 상처를 덮"는다고 말하고 있다. 험준하다는 치악산의 산행에서 아픈 상처를 치유 받는다는 것은 깊은 어둠일수록 빛이 환하다는 인식과 같다. 그것은 마치 "상처가 깊으면 깊을수록 아름다운 골짜기"를 품고 있는 산과 같은 것이다. 상처가 깊을수록 골짜기를 더욱 아름다운 형상으로 드러나는 것이다. 하얀 뼈처럼 드러나 있는 기암괴석을 보며 "누군가와 결별을 하고 이齒를 악물고 버티어 낸 다짐들"일 것이라 여기는 것 또한 이러한 인식과 다르지 않다. "많은 상처를 가슴에 묻고" 살아와

"소리치는 그 소리를 메아리로 되돌려"주고 있는 산. 삶은 고통과 상처의 연속이다. 그 깊은 상처를 견디며 살아가는 것 자체가 곧 삶인 것이다. 깊은 상처로 더욱 아름다운 골짜기를 만들어내며 버티고 있는 산이 상처를 견딤으로써 진정한 산이 되고 있는 것과 같이 삶에서 겪어온 숱한 고통과 상처들이 삶을 가장 잘 드러내고 있다는 것은 물론이다. 시인이 삶을 "평생 땀 흘려 오르는 산과도 같은 것"이라고 말하고 있는 것도 이러한 이유에서이다. 정상을 향하여 끊임없이 땀을 흘리며 산을 오르는 것, 이것이 삶이다. 산을 오르는 과정에서 흘리는 땀, 그 땀이 모여 삶을 이루고 있는 것이다.

시인은 이러한 삶의 의미를 다양한 시적 대상을 통해 보여주고 있다. 삶은 고통과 상처의 연속임에도 포기할 수 없는 어떤 것이다. 때문에 시인은 어둠이 짙을수록 더욱 밝은 빛이 빛난다는 진리를 삶의 진정성으로 인식하고 있는 것이다. 이 시집에서 다양한 시적 대상들을 통해 시인이 말하고 있는 것이 바로 삶을 향한 강한 의지이다.


그렇게 바닷속의 기억을 다 우려내 주고

검은 나비처럼 무리지어 앉아

푸른 하늘을 행해 날아 갈 기세氣勢다

바다를 끌어안고 살았던 그 힘

다 버리고 날아가겠다는 것이다

— 「홍합」 부분


입을 쫙 벌린 명태 한 마리 묶어 자동차 트렁크에

몇 년을 달아 놓고 다녔다 트렁크를 열 때마다 놈은

눈을 더 부릅뜨고 경계심을 풀지 않는다 몇 년을 굶은

놈의 몸을 만지니 이미 몸은 새가 되어 날아가고

두 눈만 살아서 바다로 돌아가겠다는 자세다

몇 년을 굶은 명태의 입에서는 본능의 힘으로

바다를 헤엄쳐 다니고 있었다 얼마나 요동을 치는지

실타래가 삭아 더는 묶어 놓을 수가 없다

— 「명태」 전문


  홍합과 명태는 죽어서도 삶을 포기하지 않는다. "바닷속의 기억을 다 우려내 주고" 쫘악 입을 벌려 알몸을 토해내고 있는 홍합은 "바다를 끌어안고 살았던 그 힘 다 버리고 날아가겠다는" 새로운 삶을 꿈꾸고 있다. "푸른 하늘을 향해 날아 갈 기세(氣勢)"인 것이다. 평생을 바다에서 살아가며 "큰 파도에서 꿈쩍하지 않던" 홍합은 이제 "물속에서 나와 보니 살맛이 안 나"는 것이다. 홍합은 다시 한번 새로운 삶을 향한 도약을 시도하고 있다. 푸른 하늘에서 또 한 번의 생을 꿈꾸는 것이다.

명태는 이미 몸속의 수분을 모두 잃고 마를 대로 말라있다. 그러나 바다를 떠나 자동차 트렁크에 실려 다니면서도 삶의 의지를 포기하지 않는다. 몇 년을 굶어 몸은 이미 굳을 대로 굳어있지만 "두 눈만은 살아서 바다로 돌아가겠다는 자세"만은 여전하다. 삶을 향한 "본능의 힘"은 그 어떤 것으로도 막을 수 없는 것이기 때문이다.

> 연어가 그 먼 바다에서 회귀할 때는
>
> 알에서 깨어나기 前, 다시 이곳에 돌아와
>
> 속을 다 비워주고 죽어야 함을 배웠을 것이다
>
> 이 푸른 소주병 속에는 연어의 그런 고집이 숨어 있다
>
> 속을 다 비워주는 그 푸른 고집을 앞세워
>
> 연어가 회귀하듯 걷다보면
>
> 이 세상이 갈지之자로 움직인다
>
> 남대천 연어도 갈지자로 그 먼 길을 회귀했을 것이다
>
> 그렇지 않으면 회귀할 수가 없다
>
> ―「소주병」 부분

연어는 강에서 태어나 바다를 향해 헤엄쳐 간 뒤 평생을 바다에서 보내고 생의 마지막을 위해 다시 강으로 회귀한다. "속을 다 비워주고 죽어야" 함에도 불구하고 연어는 온몸을 갈지<sub>之</sub>자로 꿈틀거리며 강을 거슬러 올라온다. 연어가 온몸을 갈지<sub>之</sub>자로 꿈틀거리는 것은 바다에서 보낸 평생의 삶이 고통이 되어 분출되는 것이라 할 수 있다. 연어가 알을 낳기 위해 스스로의 삶 모두를 던지며 강을 거슬러 오르는 것은 그것이 새로운 생을 위한 길임을 알기 때문이다. 삶의 고통이 곧 새로운 삶이 된다는 믿음이 있기에 연어는 고통을 토해내고 있는 것이다.

보아라 모든 애벌레가

주름살 같은 등을 지닌 것은

일생 기어다니며

하늘을 날아가는

나비가 된다는 것을

알기 때문이다


모든 주름은

하늘을 날아가기 위해

등에 수많은 고통을 나누어

등지고 가는 것이다

그 고통을 나누어 등지지 않으면

나비가 될 수 없다는 것을

배추 애벌레는 알고 있다

—「주름」 부분

    이 시에서 배추 애벌레는 온몸이 주름으로 뒤덮여 땅을 기어다녀야만 하는 운명을 지니고 있다. "등에 수많은 고통"을 등지고 가는 배추 애벌레의 삶은 그러나 슬프지만은 않다. 그것은 언젠가는 "하늘을 날아가는 나비가 된다는 것"을 알고 있기 때문이다. 고통을 등에 지지 않고서는 나비가 될 수 없다는 것을 배추 애벌레는 알고 있기에 주름진 고통과 땅을 기어다닌다는 굴욕을 참고 견딜 수 있는 것이다.

    연어와 배추 애벌레의 삶에서 드러나듯 시인은 삶을 고통과 상처의 연속으로 인식한다. 썩지 않기 위해 끊임없이 제 가슴을 쳐야 하는 파도(「바다」)와 하얗게 꽃 피우기 위해 "뜨거운 피를 태워 슬픔을 밀어내"야만 하는 백목련 나무(「어떻게 알아냈을까 백목련 나무는」)의 삶은 고통의 연속인 것이다.

    강물은 속을 다 드러내고

온몸에 푸른 멍이 들도록

이 세상 찌든 때

다 빠질 때까지

헹구고 헹구어

빨랫줄의 빨래처럼

거꾸로 매달아 놓고

똑바로 사는 법을 가르친다

그래서인지,

강물 속은 온통 눈이 퉁퉁 부은 놈들뿐이다


강물 속은

똑바로 살기 위하여

제 살을 깎아내는 놈들만

아우성이다

—「강물 속은」 전문

 이 시에서 강물 속은 "제 살을 깎아내는 놈들만 아우성"이며 "눈이 퉁퉁 부은 놈들"만 가득하다. 이 세상의 찌든 때가 다 빠질 때까지 헹굼을 반복하는 과정에서 강물은 "온 몸에 푸른 멍"이 들고 있는 것이다. 그러나 고통의 연속인 삶을 시인은 거부하거나 부정하지 않는다. "똑바로 살기 위하여" 제 살을 깎아내는 고통과 상처를 감내하는 강물 속 생명들. 이들에게 삶은 고통을 수반하는 그 무엇이며 동시에 그 고통을 감내 할 만큼의 가치를 지닌 그 무엇이다. 자신의 모든 생을 던지면서 강을 거슬러 올라가는 연어와 고통을 등에 지고 살아가는 배추 애벌레의 고통과 상처가 새로운 삶으로의 길이라는 것을 시인을 알고 있다. "뜨거운 피를 태워 슬픔을 밀어내"면 언젠가 백목련나무는 아름다운 하얀 꽃을 피우리라는 것을 알고 있는 것이다. 때문에 시인에게 삶은 고통의 연속임에도 불구하고 거부할 수 없는 그 무엇이다. 어둠인 동시에 빛이 되고 있는 것이다.

두부는 숨 쉬고 살기 위하여
몸뚱어리 살점을 짓누르고 나서야
뜨거운 반성의 눈물을 흘린다

이 세상 구르는 재주 하나 없이 태어나
반듯한 가문의 주춧돌처럼 산다는 것이
어디 그리 쉬운 일인가

오랜 기다림의 침묵이
뼈 없이 흐물거리는 형태이지만

그래도 뼈처럼 굳어 간다면

천근 무게를 버티어 내는 집념으로

새로운 삶 하나를 이식 받는다

—「두부를 보며」 부분

 

이 시에서 삶은 "몸뚱어리 살점을 짓누르고 나서야 뜨거운 반성의 눈물을 흘"리는 두부로 그려지고 있다. 세상에 태어나 구르는 재주 하나 없이 "반듯한 가문의 주춧돌처럼 산다는 것"은 쉬운 일이 아니다. "오랜 기다림의 침묵이 뼈 없이 흐물거리는 형태"인 두부가 험한 세상에 맞서기는 힘겨운 일임에 틀림없다. 그러나 시인은 이렇듯 약하게만 보이는 두부에게서 강인한 삶의 의지를 본다. "그래도 뼈처럼 굳어 간다면 천근 무게를 버티어 내는 집념으로 새로운 삶 하나를 이식 받"을 수 있다는 가능성을 발견하고 있는 것이다. "半은 허물이고 半은 흉이 되어도" 그러한 스스로의 삶에 최선을 다하며 "토막토막 잘려진 삶을 피를 토하듯이 연출"하는 두부의 모습에서 사소한 삶이란 있을 수 없음을 깨닫는 것이다. 삶은 그 어떠한 삶이라도 가치와 의미가 있음을 시인은 흐물거리는 두부를 바라보며 말하고 있는 것이다.

3.

나무는

자신이 언제 베어져 불에 타

한 줌 재로 변할지 몰라도

하늘까지 올라가는

그 길을 찾기 위해 산다

나무는

베어져서 자신이 찾으려는 길

하늘의 눈. 비를 막아내는 기둥이 되어

인고의 세월을 버텨야 함에도

그 무게를 찾기 위해 산다

나무는

베어져 바람처럼 떠도는

물 위의 쪽배가 되어도

물처럼 바람처럼 흘러간

그 세월을 찾기 위해 산다

나무는

언제 베어질지 모르지만

하늘로 가는 길에서

세월이 누르는 무게를 가슴 속에

바람처럼 둥둥 감고서 산다

—「나무는」 전문

    임영석의 『어둠을 묶어야 별이 뜬다』는 길고도 험한 삶의 여정에서 겪게되는 모든 고통과 어둠을 온몸으로 받아들이고 있다. 그것은 빛을 위해서는 어둠이 짙어져야 하듯 삶 또한 고통과 상처가 깊어질수록 삶의 의지는 더욱 강해진다는 인식에서 비롯되는 것이다. 언제 한 줌 재로 변할지 몰라도 하늘을 향하는 그 길을 찾는 나무가 보여주는 삶의 의지는 "세월이 누르는 무게"를 견디며 그것을 삶으로 받아들이는 시인의 삶의 의지와 다름 아니다. 비록 어둠이라 할지라도 거부할 수 없는 힘을 지닌 삶이기에 시인은 삶의 무게를 기꺼이 견디고자 하는 것이다.

    삶은 어둠이며 동시에 빛이다. 물고기의 비늘이 "아름다운 장식粧飾"이며 동시에 "죽어서나 벗어야 하는 고통"(「물고기의 비늘」)이 되듯 삶은 이러한 양면성을 지니고 있는 것이다. 시인이 빛을 위해 깊은 어둠을 쌓아가는 것은 이러한 이유에서이다. 『어둠을 묶어야 별이 뜬다』에서 임영석이 보여주고 있는 어둠은 빛이며 곧 삶이다. 그의 어둠이 더 깊어져 한층 강한 빛으로 다가오길 기대한다.